ちいさいなかまブックレット

1歳児クラスの12か月

社会福祉法人 新瑞福祉会 著　　柏木 牧子 絵

ちいさいなかま社

新瑞福祉会について

　　社会福祉法人新瑞福祉会は、1965年、無認可の共同保育所としてスタートし、現在は名古屋市瑞穂区で、5つの保育園と、学童保育所・児童のデイサービス・相談支援事業などを行っています。保護者の働きやすい条件づくりと、子どもたちが豊かに育ち、職員も生き生きと保育できるように、保護者や、地域のみなさんとともに保育をつくってきました。

　そのなかで、地域の要求に応えて、一時保育事業・障害児保育事業・地域子育て支援センター事業・産休明け育休明け途中入所予約事業・日祝日保育事業・延長保育事業・24時間緊急一時保育事業など、さまざまな特別保育事業を行っています。

　特に、産休明けからの保育を、制度化される前から取りくんできたこともあり、乳児期の保育については、ていねいに実践を積み重ねてきました。乳児期には、人とかかわる心地よさをたっぷりと伝えることを大切に、日々の暮らしのなかで子どもたちとの関係を深めていこうと取りくんできました。

　そんななか、2015年に待機児童対策で、ななくさ保育園を、2017年には公立保育園の移管を受け、とうえい保育園を開設し、ここ数年で20歳代の若い職員が急増しました。そこで、法人の保育を、若い職員に伝えていこうと、法人内に研修委員会・安全対策会議・保育相談部などを置きました。全職員で保育を

交流し、子どもを見つめ直し、解決の糸口をみんなで探れるような対策を、各園任せにせず、法人全体で行ってきています。

共同保育所から50周年の年には、法人の歴史と保育をまとめた『まあるくなれ、わになれ―みんなでつくる、みんなの保育』（新読書社）を出版しました。そのタイトルの通り、「まあるくなれ、わになれ」と、多くの人たちと手をつなぎあい、子どもたちが平和で幸せに育つことができるよう、取りくんでいます。

園の目標

女性の働く権利と子どもの発達を保障し、地域に根ざした保育園をめざします。

1　多様な保育要求にこたえる保育園をつくります。
2　保護者とともに、よりよい保育内容をつくります。
3　地域の子育てセンターの役割を果たし、子育て支援を進めます。
4　健康で生き生きと働き、学び高まりあう職員集団をめざします。

実践園について

★ たんぽぽ保育園

定員：80名／開園時間：7時～24時／対象児童：産休明け～5歳児

　1972年、法人の設立とともに認可されました。当時は乳児30名定員でした。現在は就学前までの80名定員となっています。乳児は年齢別、幼児は異年齢保育を行っています。夜12時までの夜間保育を実施、合わせて24時間緊急一時保育も行っており、24時間365日開園している保育園です。他に、一時保育、産休明け育休明け途中入所予約事業などを行っています。にぎやかな繁華街の中にあり、法人本部や学童保育所・児童のデイサービスなどの施設も隣接しています。

★ こすもす保育園

定員：100名／開園時間：7時～20時／対象児童：産休明け～5歳児

　1981年に開設しました。当時瑞穂区にあった2つの共同保育所と合併して、法人で初めての幼児の保育を実践しました。産休明けから就学前まで100名定員で、年齢別保育を行っています。地域子育て支援センター事業、産休明け育休明け途中入所予約事業、日祝日保育事業などの指定を受けています。閑静な住宅街の中にあり、春には桜の美しい山崎川や、公園・グラウンドなどに毎日散歩に出かけ、あそび中心の保育を大事にしています。

★ さざんか保育園

定員：40名／開園時間：7時〜19時30分／対象児童：産休明け〜3歳児

　こすもす保育園の設立とともに、年度途中入所の施設として、さざんか共同保育所を開設しました。その後、こすもす保育園の分園となり、2011年に、3歳児までの40名定員の保育園として独立認可されました。こすもす保育園と山崎川をはさんで徒歩5分ほどの場所にあり、交流保育も行っています。

この本について

★ 1歳児の12か月の保育（2015年度の実践）を、以上の3園で4か月ごとに分担して執筆しました。（目次参照）

★ この本で紹介した1歳児の進級前を『ゼロ歳児クラスの12か月』（2014年度の実践）で、進級後を『2歳児クラスの12か月』（2016年度の実践）で、同様に3園で分担して執筆しています。

1歳児クラスの12か月　もくじ

新瑞福祉会について ……………………………………… 2
実践園について …………………………………………… 4

さざんか保育園　えだまめぐみ ……………… 7
　4月のえだまめぐみ ……………………………………… 10
　5月のえだまめぐみ ……………………………………… 14
　6月のえだまめぐみ ……………………………………… 18
　7月のえだまめぐみ ……………………………………… 22
　えだまめぐみの12か月 …………………………………… 26

こすもす保育園　えんどうぐみ ……………… 27
　8月のえんどうぐみ ……………………………………… 30
　9月のえんどうぐみ ……………………………………… 34
　10月のえんどうぐみ ……………………………………… 38
　11月のえんどうぐみ ……………………………………… 42
　えんどうぐみの12か月 …………………………………… 46

たんぽぽ保育園　ひよこぐみ ………………… 47
　12月のひよこぐみ ………………………………………… 50
　1月のひよこぐみ ………………………………………… 54
　2月のひよこぐみ ………………………………………… 58
　3月のひよこぐみ ………………………………………… 62
　ひよこぐみの12か月 ……………………………………… 66

新瑞福祉会の1歳児保育で大切にしていること ………… 67

4月〜7月の えだまめぐみ

★ さざんか保育園 ★
1歳児クラス

ぐるぐる
おえかき

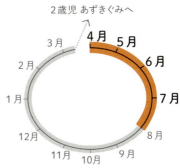

さざんか保育園
えだまめぐみ

行事

- 4月 ●入園式 ●わらべうた・全体懇談会（夜） ●避難訓練 ●誕生日会
- 5月 ●避難訓練 ●誕生日会 ●遠足 ●クラス懇談会
- 6月 ●わらべうた ●クリーンナップデー ●誕生日会
- 7月 ●プール開き ●わらべうた ●クラス懇談会 ●誕生日会
  ●避難訓練 ●親子夏祭り

主な日課（5月）

- 8:00 あそび
- 9:00 おむつ替え／朝の集まり・お茶
- 10:00 午前のあそび／清拭・着替え
- 11:00 食事
- 12:00 午睡
- 13:00 起きた子から静かにあそぶ
- 14:00
- 15:00 おやつ
- 16:00 午後のあそび
- 17:00 お茶・おむつ替え

2015年度　えだまめぐみ

- HHちゃん……13年4月生
- SMくん……13年4月生
- AYちゃん……13年5月生
- KMちゃん……13年5月生
- YSちゃん……13年5月生
- UKくん……13年6月生
- KRちゃん……13年8月生
- MSくん……13年8月生
- YUくん……13年9月生
- SNちゃん……13年10月生／4月入所
- FMくん……13年10月生／4月入所
- SHちゃん……14年3月生
- YKくん……14年3月生／4月入所

担当保育士
- ゆりちゃん（5年目）
- みやくん（2年目）
- ぽんちゃん（1年目）

臨職
朝夕　2名

5月の月案　方針と取り組み

集団づくり	クラス運営	●無理のない日課で、えだまめぐみの生活に慣れていく。　●新しいグループ（食事テーブル）に慣れる。　●少人数であそんだり、生活する（時差をつけてなど）。
集団づくり	魅力的な活動	●朝のあつまりや、わらべうたを楽しむ。　●お部屋のおもちゃや、お庭でじっくりあそぶ。　●みんなで散歩を楽しむ。
	作って食べる	●クッキング（ホットケーキ）
	あそび	●１人ひとりが好きなあそびを見つけ、楽しくあそぶ（まんまごっこ、ねんねごっこ、ブロックあそび、絵本、車あそび）。
	集団あそび	●友だちや、保育士といっしょが楽しいと思えるあそびを楽しむ（まてまて、かくれてばぁ、リズムあそび、あんぱんまんではしろう）。
	さんぽ	●田辺グラウンド、どんぐり広場　●ぐるり散歩　●田辺公園
課業	手指活動	●つまんだり、ひっぱったり、手指を使ったかんたんな操作を楽しむ（シール貼り、ブロックはめはずし、積み木、新聞紙びりびりなど）。
課業	体育	●四つ這い、段差登り、歩く、走る、ぶら下がるなどを楽しむ。　●うたに合わせて体を動かす。
課業	科学	●春の自然と出会う（つつじ、花びら、はっぱ、たんぽぽの綿毛、ちょうちょ、虫など）。　●小動物に興味をもつ（はと、カラス、犬、猫、馬）。
課業	文学	●「これよんで」と、保育士と絵本や紙芝居をいっしょに楽しむ（「ねないこだれだ」、「もじゃもじゃ」など、せなけいこシリーズ。「こりゃまてまて」、「おひさまあはは」のほか、「もこもこもこ」、「ころころころ」など、くり返しを楽しむもの）。
課業	わらべ歌・うた	●わらべうたは先生が月１回、来てくれて、いっしょに歌ったり、あそんだりします（おはながわらった、こいのぼり、たんぽぽ、ちょうちょのように、おおかぜこい、ねんねこせおんぼこせなど）。
課業	絵画制作	●なぐりがきを楽しむ。　●シール貼り
基本的生活	育てたい力	●えだまめぐみの生活や環境に慣れる。
基本的生活	日課	●ゆったりとした生活の中で、自分から次への活動に向かえるようにする。　●楽しくあそび、食べ、満足する気持ちをつくる。　●次の生活がわかり、自分でやってみようとする気持ちをもつ。　●早寝早起きの生活を心がけましょう。
基本的生活	睡眠	●安心して気持ちよく眠る。　●ふとんを敷く場所を決める。
基本的生活	食事	●おいしく、楽しく食べる。　●「これもっと」の要求を満たし、満足して食べる。
基本的生活	排泄	●「おしっこでたね」「うんちいっぱいでたね」など、声かけをしておむつを替える。　●替えるマットがわかり、自分で座ったり、ゴロンとする。　●午睡明け、トイレに座ってみよう。
基本的生活	着脱	●気持ちよく着替えをする。おてて「ばー」、おかお「ばー」と、楽しく自分でも出してみる。　●パンツやズボンを自分で着脱しようとする。　●エプロンを自分でつけたり、はずす。　●ぼうしをかぶったり、くつ下やくつを自分で脱ごうとする。
基本的生活	清潔	●保育士と清拭することを楽しんだり、すっきりする気持ちよさを感じる。　●食事の前後に手（口）を拭く。　●鼻が出たことに気づき、いっしょにきれいにする。
基本的生活	片付け	●日課の区切りに、保育士といっしょにおもちゃを片づける。「○○するから、ないないしようねー」。
基本的生活	環境	●わかりやすい生活コーナーや、片づけ場所のくふうをする。　●壁面などで、楽しい雰囲気をつくる。
基本的生活	健康	●季節の変わり目で、気温の差が大きいので、日中と朝夕とで衣服の調整をする。　●水分をよく摂るようにする。　●爪をこまめに切りましょう。
基本的生活	連絡	●21日（水）お誕生日会です。　●暑くなってきました。午睡用のふとんは夏用のバスタオルとキルティングマットでお願いします。詳細はご相談ください。　●パンツボール①には半そでTシャツ、パンツボール②にはズボンと上着（ベストなど）を入れるようにお願いします。　●すべての持ち物に名前の記入をお願いします（できるだけわかりやすいところに記入していただけると助かります）。

4月の えだまめぐみ

子どものペースで
新しいお部屋に慣れて

◆ 経験不足は、保育を話しあって

　1歳児えだまめぐみは、10人が進級し、新入園児3人を迎えて、13人でスタートしました。

　担任はゆりちゃん、みやくんが持ち上がり、ぽんちゃんは新入職員で、担任3人全員が経験年数5年以下、子育て経験のない20代で、不安とともにスタートしました。

　3月末から、「子どもたち1人ひとりの気持ちを大切に、友だち同士のかかわりにつなげていきたい」「友だちといっしょが楽しいと思える活動をしたい」「たくさん体を動かして、じょうぶな体をつくりたい」などと意見を出しあい、保育をすすめていきました。

◆ 好きなものを探りながら…

　新入園のSNちゃんは、朝のお別れ、お昼、午睡前と、泣けてしまいます。そこで、じっくりかかわれるように、また進級児も不安にならないように、ぽんちゃんが受けいれの担当になりました。

　抱かれていることが多かったのですが、ままごとの鍋に手を伸ばしたり、ゴリラのぬいぐるみを持ち、まねをする姿などがありました。新入園児には、好きなあそびやおもちゃを探り、それをきっかけにして、保育士とのかかわりを増やしていきました。

◆ 泣けちゃうときは、「はなまめ」へ

　3月の最終週から、1歳児えだまめぐみのお部屋で過ごしていました。けれども、何人かはゼロ歳児はなまめぐみのお部屋のド

4月のねらい

★ 新しい環境や生活にゆっくりと慣れよう。
★ 保育士や新しいお友だちと仲よくなっていこう。

アを開けようとしたり、「ママがいいー！」と、泣けてしまいました。
　そんなときは、はなまめぐみの保育士が、「おいで〜」と声をかけてくれ、えだまめの保育士といっしょに、はなまめぐみへ。すると、部屋にいる子も、

あそびに行った子も、それぞれに気分が変わり、ほっとできました。
　1〜2週間をかけ、ゆっくりと子どものペースに合わせて新しいクラスに慣れていくことで、「えだまめのお部屋が、自分たちのお部屋なんだ」とわかってきたようです。
　朝のようすも落ち着いていき、はなまめぐみにあそびに行かなくても、出窓でのバイバイを楽しみにお別れできたり、ままごとコーナーであそぶ姿が出てきました。

おもちゃの安全チェック

　えだまめぐみにあったおもちゃ（調味料入れにビーズの入ったもの）は、容器が硬く、振った拍子に、他の子の頭にぶつかることがありました。そこで、欠けているブロックや、壊れているおもちゃすべても確認し、日常のおもちゃも見直して、月齢に合わないものは、片づけました。

4月のえだまめぐみ

睡眠
- 新入園のYKくんは、はなまめのお部屋で朝寝をするときも。午前の活動に参加できるときも早く眠くなるので、日課を早くして、ご飯をしっかり食べられるようにしました。月末には生活に慣れ、長くお昼寝ができるようになりました。

食事
- 新入園のSNちゃんは、ご飯の時間には自分でイスに座り泣きやむ姿があったので、お母さんににんじん、いちご、魚が好きと聞いて、給食室と打ちあわせ、好きなものを増やしてもらいました。

排泄
- 「(おしっこ)でた！」と、教えてくれる子、うんちが出ると替えてほしがる子、トイレに座りたい子など、子どもたちから、それぞれの思いが出てきました。

着脱
- 「ジブンデ！」の思いを出してきた、MSくん。着替えを手伝おうとすると「イヤ！」と言って、1人でやりきろうとがんばります。

あそび

- 1年目のぽんちゃんと仲よくなってほしいと思い、進級式では、ぽんちゃんが担当して絵本とペープサートを楽しみました。登場する動物たちを見て、「わんわん！」とうれしそうな姿もありました。

- おやつ後、「みんなあそび」では、はなまめのときからしてきた「手をつなごう」のうたを歌いながら、輪になってぐるぐると回ります。「まあるい豆が　ポンポンポン…」。お豆のうたです。

月齢の高い子たちは、うたをすぐに覚え、「ちゅなご〜」と、友だちを誘います。輪に入らないで座っていた子も、みんなを見ながら体を揺らして楽しんでいました。

わらべうた

- 進級して、月に1度、わらべうたの先生が来てくださり、いっしょに楽しみます。ＵＫくんは、先生が手の中にかくした、「にーぎりぱっちり」のひよこを取りに行きました。新入園のＳＮちゃんもママと参加。先生のおひざに座り、ふれあいあそびもして、おとなたちを驚かせてくれました。

5月の えだまめぐみ

「安心してほしい」気持ち 子どもたちに届いたかな

◆ 連休明けの子どもたち

　4月、朝のお別れで泣いていた新入園の子どもたち。5月の連休明け、少し心配しながら出勤しました。

　SNちゃんはママからゆりちゃんのところにトコトコ歩いていって、バイバイ。FMくんは大好きな車のおもちゃを「ブー」と動かし、ニッコリあそんでいます。YKくんも何歩か歩けるようになっていて、歩けたときは担任をチラリと見て、パチパチと拍手！お部屋に入った瞬間、心配はふきとびました。

◆ 試食しながら悩み相談も　給食懇談会

　ふだんの食事風景をビデオに撮り、それを見ながら保護者と交流をしました。給食室の職員も参加し、給食室に聞きたいこと、毎日のご飯作りで困っていること、家庭での食事のようすなどを、保育園の人気メニューを試食しながら話しあいました。

　「野菜をおいしく食べるには」という悩みに、「レモンサラダ」「コンソメ味の煮物」など、各家庭のくふうとアイディアが詰まったレシピがとびだし、「作ってみたい！」の声があがりました。

　「同じような悩みを分かちあえて、また楽しく育児をしていこうと思えた」などの感想があり、保護者にも担任にも、大きな学びになりました。

5月のねらい

★ 新しいお部屋、生活にゆっくりと慣れよう。
★ 保育士や新しいお友だちと仲よくなっていこう。

新人保育士奮闘中！

　新人保育士のぽんちゃんが、担任になって1か月。
　朝、お部屋に入ると、「ぽんちゃんきたー！」と喜んでくれ、楽しくあそぶことができていましたが、生活の面（清拭・ご飯・昼寝・着替え）では苦戦…。
　「HHちゃん、はじまるよ（朝の集まり）の前にパンツ替えようか」と声をかけると、「やだ。ぽんちゃんじゃない！あっちいってー！」と泣いてしまいます。清拭のとき「KMちゃん、ふきふきしようか」と誘っても、かたくなに首を横にふります。子どもたちは、2人とも月齢も高く、保育士のことをよく見ています。
　「早く仲よくなりたい」というあせりから、話しかけるのがこわくなったり、自信がなくなって落ちこんだり…。けれど「まだ1か月！これはあたりまえの反応。関係がまだできていないぶん、自分は『楽しい人』になろう」と決め、2人のそばで他の子と楽しくあそんだり、「こちょこちょ」や「マテマテあそび」など、笑いが起きるようなあそびをたくさんしました。
　そんななか、5月の終わりに、HHちゃんが、はじめて「ぽんちゃんとねる」と、いっしょにお昼寝してくれ、KMちゃんも「やって」とパンツを持ってきてくれるようになりました。
　うれしさのあまり、「いいの？ほんとにぽんちゃんでいいの？」と、泣きながら何度も聞いてしまいました。関係をもっと深めたいと、引きつづき奮闘中！の5月でした。

さざんか保育園

5月のえだまめぐみ

行事

- 遠くの公園に、はじめての遠足。すべり台をしている子を見て、おそるおそる挑戦した子も、すべったあとは「シューッてした！」と目を輝かせていました。お友だちから刺激を受けて、「楽しい！」を発見できるって、すてきだな！

睡眠

- お昼寝の時間、毎日泣けてしまうＳＮちゃん。お部屋を出て、気持ちを和ませてから、お部屋に戻ります。おふとんでも、安心感がもてるように

トントンしたり、抱っこしながらうたを歌ったり。寝る時間にはだんだんと、泣きながらも担任に手を伸ばしてくれるようになりました。

食事

- ＳＨちゃんの「自分で食べたい」気持ちを大切にしたいと思い、ひと口分をスプーンにのせてお皿に置いたりしてみました。お友だちが食べて

いるのに刺激を受けて、おうちでは食べないお肉も、保育園では食べるようになりました。

片付け

- 「自分でお片づけがしたい」思いがたくさん出てきたので、脱いだ服を入れるかご、ご飯のときに使ったエプロンとタオルを入れるバケツを、子どもたちがよく見える位置に置きました。

あそび

- ＹＳちゃんがＵＫくんを誘って、キューピーちゃんにミルクをあげたり、おふとんをかけてトントンしたり。それを見
ていたＳＨちゃんも、おふとんとキューピーちゃんを持ってきて、隣で「ふんふん〜」とオリジナルの子守唄を歌って寝かしつけます。

 月齢の低い子どもたちも、月齢の高い子どもたちのまねをしながら、毎日いろいろなあそび方を吸収していきます。

- 子どもたちは、夕方よく行くプレイルームでの「リズムあそび」が大好きです。ＹＵくんは、「おふね」のメロディーが流れたとたん、まわりを見回して、近くにいたＫＲちゃんの手を握りました。ＫＲちゃんは、突然のことでびっくり。でも、２人は顔を見あわせて、とってもうれしそう。

 子ども同士のかかわりも広がり、自分の好きなあそびを、「お友だちといっしょにしたい」という気持ちが出てきているようです。

6月の えだまめぐみ

友だちと、楽しいこと いっぱいしよう!

◆ しろくまちゃんのホットケーキ

　えだまめぐみでの、はじめてのクッキング。おやつの時間に、給食室のきみちゃんとようちゃん（栄養士）に来てもらい、目の前でホットケーキを焼いてもらいました。

　おやつの前には、『しろくまちゃんのホットケーキ』の絵本を読んで、心がうきうきしている子どもたち。きみちゃんが、「ぽたあん」と言って、生地をホットプレートに落とすと、「やったー！」「しろくまちゃんといっしょだね」。

　HHちゃんは、「やけたかな？」「まあだだ！」と、絵本にあったことばを覚えています。

　ホットケーキができあがると、みんな大喜び。SNちゃんは、2枚食べて「もっともっと」という顔で、おかわりのお願いです。クッキングで、焼きあがるのを見たり、大好きな絵本と同じ体験ができて、新しい喜びやうれしさを感じていました。

◆ 夏に向けて、お湯あそび

　6月後半には、みんなの大好きな「お湯あそび」をスタートしました。

　えだまめぐみになって、「プラ舟」が大人気。子どもたちは、小さなプラ舟の中に、じょうろやバケツを持ってきて、ギュウギュウになって楽しそう。

　MSくんも、「水、入れて」というように、保育士のところに、バケツを持ってきました。パイプシャワーのところに置いて、お

6月のねらい

★ 楽しいあそびの中で、保育士や友だちと笑いあい、共感しあえる体験をいっぱいしよう。
★ 自分でやりたい気持ちを大切にしていこう。

　湯をためる方法を教えてあげると、上手に自分でできて、うれしそう。
　保育園ではじめて「お湯あそび」をしたYKくんは、少しドキドキ。でも、お友だちの楽しそうな姿を見て、少しずつお湯にさわれるようになり、みんなと同じようにバケツにお湯をためたり、パイプシャワーの下をくぐったりして楽しんでいました。
　7月からのプールあそびに向けて、楽しいあそびになりました。

環境を見直して

　子どもたちの主張がぶつかったり、かみつきも増えていたため、お部屋と戸外などに分かれて、少人数でゆったりとした雰囲気であそぶようにしました。その中で、お友だちとの心地よいかかわりを広げていきました。
　また、おんぶひもなどが入っていた棚と、おままごとのキッチンの配置を変更しました。キッチンの棚には、おままごとのおもちゃや、ほ乳びんを常設するなど、子どもたちが集まりすぎないようくふうしました。

6月のえだまめぐみ

睡眠

- お昼寝の時間に、「いやだ！」と泣いてしまうことが多かったＡＹちゃんですが、気持ちに寄りそいながらかかわっていくことで、思いをことばで伝えてくれることも多くなりました。

「みやくんと、ねる」「トントンして」と言って、ゴロンとしてくれる姿も、少しずつ出てきました。

食事

- ＳＮちゃんは、おうちではあまり食べないというお肉を、給食ではもりもり。なかでもミート

ローフが大好きです。おかわりのときは、お皿のあいている場所を、「ここ！」と指さします。お茶やスープを「じゅー！」、にんじん、大根を「ずっぽーん！」と指さして、ことばで教えてくれるようにもなりました。

着脱

- お庭や散歩に行くときには、ぼうしやくつ下を自分ではこうとがんばる姿が、たくさん出てきました。

上手にはけなくて、怒ってしまう子もいたので、余裕をもって

準備をしたり、じっくり待って、「自分で」の気持ちを大切にするようにしました。上手にはけると、誇らしそうに教えてくれる姿が、ステキでした。

🔸 あそび

- 公園に行くのが楽しい子どもたち。
  YKくん、SNちゃんは、砂場で砂あそび。手でさわったり、スコップでかき回して砂の感触を楽しんでいるようです。YKくんは、近くにいる保育士をチラチラと見ながら、砂をさわり「わー！」と言ってにっこり。
  HHちゃん、MSくんは、すべり台。「じゅんばんね」と、声をかけあいながらすべっていました。

🔸 自然

- 子どもたちは、お庭や公園での虫探しが大好きです。公園で、葉っぱの下にいたダンゴムシをそっと指でつまんだり、手の上にのせてみたり。ダンゴムシのほかにも、アリをつかまえようとして、とても楽しそうでした。

7月の えだまめぐみ
プカプカ・バシャバシャ プールあそび・水あそび

◆ 大きいプールでリズムあそびも

　1歳児えだまめぐみからは、大きいプールデビュー！

　プール開きで保育士の出し物を見て、「プールするの？」「みずぎあるよ」と、期待をふくらませている子どもたちです。

　水あそびが大好きなUKくんは、顔に水がかかっても平気。そんな姿を見て、ダイナミックにプールに倒れこみ、バシャバシャと水しぶきをあげる男の子たち。

　プールの中でのリズムあそびも楽しく、KRちゃんは、「おうまはみんな」のうたに合わせて、楽しそうにプカプカ。糸車のリズムで、子どもたちが手をつなぎ、輪になって楽しむ姿もありました。

　はじめは緊張していた子も、友だちの姿を見て、自分からプールに入り、水のかけあいが始まります。SNちゃんは、水にふれるところからドキドキでしたが、保育士の抱っこで、こわがらずに入ることができました。うたを歌いながら、ゆっくり揺れたり、

7月のねらい

★ 楽しいあそびの中で、保育士や友だちと笑いあい、共感しあえる体験をいっぱいしよう。
★ 夏のあそびを体をいっぱい使って楽しもう。

おなかの上に乗って動くと笑顔になりました。

◆ プラ舟とパイプシャワー

大きいプールではおもちゃは使わず、からだを使ったあそびをします。からだがちいさくて、プールの水の揺れで転びそうになる子や、水しぶきにドキドキしたり、おもちゃであそびたい子は、安心して楽しめるように、ゼロ歳児のときと同様、プラ舟やパイプシャワーでもあそびました。

パイプシャワーを滝のようにすると、ＳＨちゃんが浴びにきて、ニコニコ。シャワーを床に置き、噴水のようにすると、パイプにまたがって、下から出てくるお湯をさわって楽しんでいました。

保護者も参加の公開保育

27日に、公開保育をしました。朝の時間を、お部屋とプレイルームに分かれて少人数で過ごしたり、プールで思いきり体を動かしてあそぶ姿を、ママたちに見てもらいました。

プールには、保護者も参加。水のかけあいで、ズボンや服が濡れてしまっても、「すぐ乾くから、大丈夫」と、わが子だけでなく、クラスの子どもたちとのかかわりを大切にしてあそんでくださる姿がすてきでした。おうちでのようすを聞きながら、ご飯のときも見てもらうことができ、その後、担任と保護者でミニ懇談もしました。

7月のえだまめぐみ

睡眠

- プールで心地よく疲れて、自分からおふとんに入って寝ていく子が増え、ほとんどの子が2時間以上まとめて眠ることができました。

食事

- にんじん以外、ほとんど食べなかったKMちゃんが、ほかのものにもチャレンジ。食べられるものが増えてきて、うれしそうです。給食室と担任は、「おみそ汁に入れたえのき、どうだった？」「ブロッコリーに挑戦してたよ」などと報告しあい、食の幅が広がるよう考えました。

着脱

- 自分の水着がうれしくて、「自分で着たい」と、持ってきて着替えようとする子が増えました。ふだんの着替えも、「できるよ！」「やってみる！」と、意欲的に。

あそび

●『つのはなんにもならないか』の絵本をよく読みました。保育士が、「むしゃむしゃのもりは〜」と歌って歩くと、子どもたちがやってきました。保育士がライオンやゾウになって、「パクリ！」と食べるまねをすると、子どもたちが指を1本、頭の上にのせて、「つのがおなかでグリグリグリ」。保育士が「こんなまずいもの食ったことない！」と吐きだすと、子どもが逃げ、また保育士が食べて…と、絵本のまねをくり返して楽しみました。

環境

●朝9時には、お部屋が混みあって、子ども同士のトラブルも増えていました。そこで、プールの前の時間帯、お部屋とプレイルームに分かれ、少人数でじっくりあそべる環境をつくりました。登園の早い子は、早く眠くなることもあり、プールも時差をつけて、1人ひとりたっぷりあそび、満足できるように心がけました。

さざんか保育園
えだまめぐみの12か月

　ゼロ歳児はなまめぐみからの持ち上がりの子が10人と新入園児3人の13人で始まったえだまめぐみ。新入園の3人は、はじめはいっぱい泣いて不安な気持ちを表してくれました。おうちでのようすをていねいに聞きとり、おうちでも好きなぬいぐるみを渡したり、朝寝ができるようにして受けいれていくと、日に日に泣くことも少なくなり、保育士のそばで友だちのあそびに目を向けたり、自分から楽しいあそびを探したりするようになりました。

　秋ごろになってくると、月齢の高い子から少しずつことばも理解できるようになってきて、「ガーガー（車を走らす）しよ」「いいよ」とやりとりする姿も出てきました。月齢の低い子どもたちも、月齢の高い子どもたちのあそぶ姿をよく見て、お買い物ごっこのまねをしたり、Bブロックでバスを作ろうとしたり、リズムあそびを友だちと手をつないでやりたがったり、友だちに目を向けることが増えてきました。

　そんなとき、保育士は「○○ちゃんはおててつなごーだったの？」と声をかけ、子ども同士のかかわりを支えていきました。

　月齢の幅が大きく、1人ひとりがじっくりあそべるようにと、分かれてあそぶことにも取りくんできましたが、みんなで楽しむ場面もありました。

　おばけのマテマテあそびでは、プレイルーム、公園、グラウンド、松林などいろいろな場所で、保育士がおばけになり子どもたちを追いかけて、くり返しあそびました。おばけが楽しい子、走るのが楽しい子など、まだまだ子どもたち1人ひとりのつもりは違うけれど、どの子も「あーたのしかった」と満足できるあそびになっていたなと思います。

　担任が決まった前年度末から担任同士で打ち合わせを重ね、どんな保育がしたいかをよく話しあい、意見を出しあいながら保育を進めていきました。1人では気づけなかった子どもたちの姿も、担任3人の目で見ることで、より子どもたち1人ひとりのことを知ることができたと思います。

（宮原洋希）

8月〜11月の えんどうぐみ

★ こすもす保育園 ★
1歳児クラス

大きな
カブトムシ
すごいでしょ！

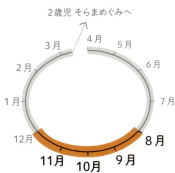

こすもす保育園
えんどうぐみ

行事

8月	●誕生日会 ●乳児くじらまつり（プール閉め）
9月	●防災訓練 ●誕生日会
10月	●懇談会（運動会について） ●運動会 ●誕生日会
11月	●遠足 ●人形劇 ●誕生日会

主な日課（9月）

8:00	順次登園
9:00	トイレ・おむつ替え 朝の会
10:00	主活動
11:00	清拭・着替え 昼食
12:00	午睡
13:00	
14:00	
15:00	トイレ・おむつ替え おやつ
16:00	夕方の活動
17:00	順次降園

2015年度　えんどうぐみ

- KHくん ……… 13年4月生
- KSくん ……… 13年6月生
- MNちゃん ……… 13年7月生
- YAくん ……… 13年7月生
- YKちゃん ……… 13年7月生
- HKくん ……… 13年9月生
- NOくん ……… 13年9月生
- KOくん ……… 13年9月生
- NSくん ……… 13年11月生
- YSちゃん ……… 13年12月生
- YNちゃん ……… 14年1月生
- TMくん ……… 14年2月生

担当保育士
- ちかちゃん（12年目）
- けいくん（7年目）
- ゆかちゃん（1年目）

臨職
夕方　1名

7・8月の月案　方針と取り組み

集団づくり	クラス運営	・子どもたちにわかりやすい生活をつくる。 ・1人ひとりが好きなあそびを広げ、友だちと関わることを増やしていく。
	魅力的な活動	・水あそび→プール ・友だちといっしょが楽しいと思える「みんなあそび」をつくる。
	生活のルール	・「どいて」「かして」「どうぞ」など、友だちとの関わりのなかで、少しずつ自分の気持ちをことばや仕草で伝えられるようにする。
基本的生活	育てたい力	・毎日のくり返しのなかで、おとなのことばや友だちの行動に気づき、次の行動が少し見とおせるようにする。
	日課	・自分から次の活動に向かっていけるように、間を保障したり、見とおしがもてるような、わかりやすいことばがけをする。 ・体が疲れやすい時期なので、睡眠をたっぷりとれるようにする。
	睡眠	・眠くなったら、自分でふとんに行き、安心して寝ていけるようにする。 ・仰向けで眠るようにし、こまめに安全チェックをする。
	食事	・ひと口でかみ切ることや、よくかんで食べることを働きかける。 ・おなかがいっぱいになったら、ごちそうさまの区切りをつける。
	排泄	・活動の区切りに声をかけ、おむつを替えたり、トイレに誘う。
	着脱	・着脱のしかたを、ていねいに伝える。 ・子どもが自分でできることが楽しくなるように取りくむ。
	清潔	・食後に、手、口を拭いてきれいにする。 ・シャワーやプール、清拭などで、身体を気持ちよくきれいにする。
	片づけ	・活動の区切りのときは、「次は○○するから、ないないしようね」と、ことばがけをし、保育士や友だちといっしょに片づける。
環境		・水あそびが楽しくなるようなおもちゃを用意する。 ・おもちゃを整理して、お部屋あそびを広げていく。
健康		・水分補給を十分にする。 ・虫さされ、あせも、とびひなど、皮膚の状態に注意する。 ・身体測定をする。

あそび	・楽しそうなあそびに、自分から関わろうとする（水あそび、どろんこ、まてまてあそび、米粉あそび、いないいないばあ）。
集団あそび	・つもりをもった追いかけあそび（おばけごっこ） ・キューピーや人形・生活用品を使って、ごっこを楽しむ。
散歩	・活動の中心がプールになるので、夕方の涼しい時間に散歩に行く。
作って食べる	
手指活動	・シール貼り ・ポットン落とし ・新聞ちぎり ・小麦粉ねんど ・片栗粉あそび
体育	・いろんな姿勢を身につけ、バランスよく歩けるようにしていく。 ・リズムでまねっこを楽しみながら、いろんな動きを楽しむ。 ・はとぽっぽ体操
課業 科学	・四季の自然に触れる。 ・セミ、セミのぬけがら
文学	・絵本やお話が好きになり、自分でも読もうとする。
わらべうた・音楽	・わらべうたやうたを歌い、いっしょにまねっこして楽しむ。 ・手あそびを楽しむ。 ・盆おどり
絵画制作	・なぐり描き　・シール貼り ・ポンポンペインティング ・ボディペインティング
連絡	・プールが7月7日（火）からはじまります。水着は月曜に持ってきて、1週間使います。金曜日に返却します。 ・7月17日（金）は、クラス懇談会です。また、クラスに出欠表を貼りだすので、記入お願いします。

こすもす保育園

8月の えんどうぐみ

プールにシャボン玉…「楽しいね！」が通いあう

◆ 心も体も解放できる水あそび

　プールが始まる前から、ベランダでシャワーなどのお湯あそびをしていたので、頭から水をかけられることが苦手な子はいましたが、水あそびをいやがって、楽しめないという子はいませんでした。はじめての水着も、みんなうれしそうに着ていました。
　心も体も解放して、水あそび・お湯あそびを楽しんだ８月。子どもたちの笑い声がはじけて、みんなの「楽しいね！」の気持ちが通いあいます。
　プールのほかにも、いろいろな素材を楽しむ感触あそび、カブトムシやセミなど、虫とのふれあいもしました。夏のあそびを満喫した、えんどうの子どもたちです。

◆ はじめてはドキドキ、感触あそび

　小麦粉、片栗粉、色水、ボディペインティングなど、いろいろな素材にふれる、感触あそびをしました。はじめてだったので、ドキドキしてさわれない子もいましたが、遠くから見ていて、みんなと同じタイミングで笑ったり、いっしょに楽しい雰囲気のなかにいることで、共感できる姿もありました。

◆ 虫が大好き

　毎朝、カブトムシに昆虫ゼリーをあげるのが日課に。最初は「こわい！」と言って、さわれなかった子どもたちも、チョンチョンとつついてみたり、つのを持ってさわれるようになりました。ゼ

8月のねらい

★ 楽しいあそびの中で保育士や友だちと笑いあい、共鳴・共感しあえる体験をいっぱいしよう。
★ 夏のあそびを1人ひとりが楽しめるようにしよう。

リーをあげてみたくなる姿もありました。

カタツムリは、子どもたちが「でんでん」と呼んでいて、これが名前になりました。給食室にキャベツやにんじんを取りにいったり、みんなでお世話を楽しみました。

朝から夕方まであそぼう！

8月の主活動は、水あそびが中心でした。

朝の会をみんなで楽しんだあと、9時30分ごろから順番にトイレ・おむつ替えに誘い、水着に着替え、みんなでラーメン体操をしてからテラスに移動。

10時30分ごろまでは、テラスの大プールとプラ舟であそびます。それから、部屋の前のベランダに移動して、さらにプラ舟やパイプシャワーであそび、順番にお部屋で着替え。

夕方の涼しい時間帯には、セミとり散歩に出かけたり、シャボン玉をしたりして、夕方の活動も充実させました。

8月のえんどうぐみ

睡眠

- たっぷりプールであそび、おなかいっぱいご飯を食べ、「ごちそうさま」をした子から順番に、午睡へ。どの子も寝つく時間が早くなりました。たくさんあそんで、心も体も満たされ、気持ちよく寝ていく生活は幸せです。

食事

- グループでの食事の時間には、「プールしたね」「わにさん（ワニ泳ぎ）したよ」と話し、保育士や子どもたち同士で共感しあう姿が出てきました。

- 1人が大きな声を出してみたり、「ふざけんぼ」をすると、共鳴してみんなで「ふざけんぼ」が始まり、食事の時間がにぎやかに。楽しいことも、いたずらも、友だちの姿をまねして、いっしょにやる姿がいっぱいです。

あそび

- 2歳児さん以上があそびに来る前に、テラスの大プールで、ジャンプしたり、ワニ泳ぎをしたり、

体いっぱい水あそびを楽しむ時間もつくりました。はじめは「つめたい〜こわい〜」と言っていた子も、顔にしぶきがかかるのが苦手だった子も、中旬にはプールが大好きになりました。

- NOくんは、まだ水が顔にかかるのはイヤで、ザブザブは苦手。でも、水あそびが嫌いなわけではないようす。
パイプシャワーや、プラ舟で、自分の楽しみ方をしています。水鉄砲、ペットボトルやスポンジ、じょうろや穴あきカップを使って、「こうすると、こうなる」と、実験でもしているような表情であそんでいる子もいました。

- はじめは保育士がシャボン玉をふくらませ、見たり、割ったりして楽しんでいましたが、「やりたい」という子がいたので、吹き方を教えました。
シャボン玉を自分で作れると、本当にうれしくて、それからは、おやつが終わると「シャボン玉やりたい」と言いだします。シャボン液の器を持ちたくなったり、自分で吹けるようになった子どもたちが増えました。

9月の えんどうぐみ

共通のイメージで おばけごっこ

◆ ことば・イメージ・あそびが、つながって

　たくさん水あそびを楽しんだ夏が終わり、子どもたちがぐんと大きくなったのを感じます。

　どの子もことばが増え、月齢の高い子たちを中心に、会話でのやりとりができるようになり、生活でもあそびの中でも、ことばで自分の思いを伝えたり（まだまだ手が先に出てしまうこともありますが…）、ことばであそびがつながり、発展していくことが増えてきました。

　イメージの世界がふくらみ、クラス全体で、共通のイメージをもってあそぶことが楽しくなりました。子ども同士が集まってあそぶ姿もぐっと増えました。

◆ オバケちゃんを探しに行こう！

　『おばけなんてないさ』の絵本が大好きになったのをきっかけに、部屋のあちこちに、おばけのイラストを貼って「オバケちゃんを探しに行こう！」と、探検ごっこをしました。

　おばけのペンダントをつけておばけに変身し、うたに合わせて踊ったり、「おばけごっこ」を、くり返し楽しみました。

　イメージの世界はどんどんふくらみ、ホールや暗いところに行

> **9月のねらい**
> ★ 保育士の支えで自分の気持ちを話したり、友だちとのかかわり方を学んでいこう。
> ★ 楽しいあそびの中で、保育士や友だちと笑いあい、共鳴・共感しあえる体験をいっぱいしよう。

くと、子どもたちのほうから「おばけくる?」と、大騒ぎになったり、「おばけ、いるんじゃない?」と、神妙な面もちで言ったりと、あそびをとおして、「オバケちゃん」の存在が、日に日に大きくなっているのが伝わってきました。

こだわりの、自分の席

　ゼロ歳児まめっちょぐみのときから、自分の好きな席に座って食事をしてきて、今までは、特に混乱もなかったのですが、違う姿が出てきました。

　持ち上がりの保育士の席が満員になり、座れないとわかるとひっくり返って泣いたり、すねて「いらない」とボイコット。自分でイスを運んで無理に入ろうとする子がいると、つられてイスを運ぼうとする子もいます。誰との席で食事をするのかにも、こだわるようになってきました。いつも、席を譲ってくれる子の姿も気になります。

　主張がぶつかり、どの子も譲らないので、1人ひとりの気持ちを聞いてかなえてあげるのに時間がかかったり、涙の食事になってしまうことも…。

　一方で、「ご飯、いっしょに食べよう」と、保育士に誘われて、そのつもりになっていれば、気持ちよく食べられる姿もあります。クラスの友だちのことが、わかるようになってきたことに加え、今日はどの保育士と食事をするのかわかるほうが、見とおしをもって、安心して食事に向かえる時期になってきたのかもしれません。そろそろ食事の席にマークをつけ、グループを決めようと思った9月です。

9月のえんどうぐみ

睡眠

- 眠くても、「まだあそびたい！」と、おしゃべりしたり、あそんでしまうことも出てきました。おうちでも同じような姿があり、苦労しているお母さんたちの声が。夜、おうちで寝つきにくい子は、お昼寝を2時間くらいで起こし、保育園もできることで協力するようにしました。

食事

- 給食室の職員が、おやつのおだんごを、おばけの形にしてくれました。「オバケちゃんだ！」「（ひと口かじって）いたいっていってる」と、楽しく、おいしく食べました。給食室も、子どもたちのあそびをもりあげてくれます。

あそび

- テラスで、オバケちゃんがいるイメージの場所に向かって、「おーい、オバケちゃーん」と呼ぶと、保育士が、ドンドンと、大きな音を出します。「キャー」と逃げ、頭を抱えて（だんご虫のポーズ）かくれるふり。月齢の低い子も、ソロリソロリとしのび足で参

加。みんなが同じイメージであそべるようになってきました。

さんぽ

- 定番のお散歩コースには、スーパーのくだものの看板や、大きなキリンがあり、看板のくだものをポケットに入れるまねをして、「キリンさんにあげよう」と、つもりをもつことができます。散歩途中、キリンの前につくと、「キリンさん、ドーゾ」「あまい？すっぱいかな？」と、乳母車の中からジャンプして、「ポイポーイ」と、ポケットから出した食べ物をあげます。ゼロ歳のときとは違い、見とおしをもってあそべるようになり、楽しみ方が変わってきました。

- 夏に飼っていたカブトムシが次々に死んでしまいました。「カブトムシ、ねんねしちゃったね…」。さびしそうな子どもたち。「おうちに帰してあげようか」と、園庭の木の下や、散歩先の川沿いに埋めて、「いっぱいあそんでくれて、ありがとう。ばいばい！またあそぼうね」と、お別れしました。埋めた場所を通るたび「カブトムシねんねしてるよね」と言っていて、お別れに立ち会ったことで、なんとなく伝わっているものがある気がしました。

10月の
えんどうぐみ

3つのグループをつくり
安心できる生活に

◆ 3つの食事グループ

　10月に入り、子どもたちを3つの食事グループに分けました。

　グループは、日ごろの子どもたちの関係や、食事のとき、ていねいにみてあげたい子を保育士のより近くの席にすることも含めて決め、テーブルには、グループのマークと子どもたちのマークも貼り、座る席も決めました。

　子どもたちには、「ばなな・ぶどう・いちご」の、3つのくだもののイラストと、個人マークをつけたホワイトボードを使って、食事グループができたことを話し、「グループこんにちはセレモニー」をしました。

　そして、朝の会では、今日は、どの保育士と食事をするのかを、伝えるようにしました。

◆ グループのある生活が位置づいて

　グループを決めて1週間ほどたったころ。お休みの子が多かったので、ぶどうグループのYKちゃんに、ばななグループの席で、おやつを食べてもらいました。すると、夕方、保育に入った臨職さんに、YKちゃんが「ばななでたべた。いつもはぶどう。YS

> **10月のねらい**
>
> ★ 保育士の支えで自分の気持ちを話したり、友だちとのかかわり方を学んでいこう。
> ★ 楽しいあそびの中で、保育士や友だちと笑いあい、共鳴・共感しあえる体験をいっぱいしよう。

ちゃんとＹＡくんおやすみ」と、伝えていました。
　ＫＯくんは、登園するなり、保育士のエプロンのバッジをのぞき込んで、「ちかちゃん、きょう、ぶどう？」と聞いてきます。子どもたちを、多様な視点から見たいと考え、早番、中番、遅番の３グループの担当を、ローテーションすることにしたからです。子どもたちはグループのある生活をよく理解していて、しっかり位置づいていることがわかります。
　「今日は、この保育士と食べる」「自分の席がある」。そうわかることが見とおしになり、安心できる生活になっているように思います。

エプロンのバッジは、いちご

　グループができてから、朝の会でホワイトボードを使ってお休みの子を伝えたり、「ばなな・ぶどう・いちご」グループのマークに、それぞれの保育士のマークをつけて、今日、食事グループを担当する保育士を伝えていきました。

　保育士が、子どもたちの目の前で、担当するグループのくだもののバッジをエプロンにつけて、「よろしくね」と、あいさつして保育を始めます。
　遅番の保育士は、朝の会が終わってから入るので、「けいくん、きょう、いちご」と、子どもたちが教えてくれたりします。

10月のえんどうぐみ

> 食事

- はじめての試み、ルッキング（Look ＋Cooking）をしました。第1弾は、「りんごとなしの皮むき」です。
切って、お皿に並んだおやつのなしを見て、「りんご！」と言う子どもたちの姿に、給食室のゆうなちゃんに、丸ごとのなしとりんごの皮を、目の前でむいてもらいました。
「こっちは、なし？」「これは、りんご？」と、違いを感じながら、思わず友だちと「カンパーイ」。

- ルッキングの第2弾は巨峰です。
おやつでは1粒1粒になって出てきますが、「1房の姿にふれたり、もぎとって食べると、巨峰狩りみたいで楽しいよね」と、給食室のかなちゃん、ゆうなちゃんと話したのです。子どもたちは、立派な巨峰に目がキラキラ。保育士が、「ブチッて、とって食べよう」と、1粒房からもぎとると、やってみたい気持ちが高まり、子どもたちも1人ずつ順番にもぎとって食べ、巨峰はあっというまに、はだかんぼ。
この時代だからこそ、食材そのものにふれたり、できあがっていく過程を見る経験をたくさんしてほしいと、子どもたちのま

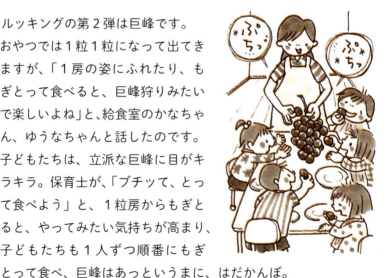

なざしを目の当たりにして、強く思いました。

あそび

● HKくんが、5歳児かぶらぐみのテラスで、なにやらゴソゴソ。見に行くと、かぶらぐみが運動会でやった竹馬に、足をかけてにっこり。
登り棒に足をかけて、登ろうとしながら「みてー！」と笑うのは、YAくん。そういえば、4歳児だいこんぐみが、登り棒の一番上まで登ってあそぶ姿を見ていました。
MNちゃんは、散歩先で、突然「よーい、どん！しよ！」と、スタートのポーズをして、走りだしました。これも運動会でかけっこやリレーを見たからこそです。
1歳児の「やってみたい」気持ちに応えたくて、散歩先やテラスで、「スタートでーす」と、子どもたちを呼んで、「かけっこごっこ」を楽しみました。ほかにも「運動会のうた」がはやったり、かぶらぐみ保護者の出し物「ニンニンジャー」をまねして踊ったり。「運動会で、これやったよね」と、共通のイメージで楽しめるあそびが、また増えました。

こんなときどうしてる？
保護者同士をつなぐ

◆ 保護者でつくる「父ちゃん会」

　10月の「母ちゃん会」に続き、11月の終わりに「父ちゃん会」がありました。みんなでお酒も入っておしゃべりに花が咲き、もりあがりました。送り迎えや行事のときに、顔を合わせる程度だったお父さんたちの親睦を深める、いい機会になりました。

◆ 保護者同士をつなぐ「クラス通信」

　母ちゃん会・父ちゃん会は、保護者が企画してくれるのですが、保育の中でも、保護者同士をつなぐことを意識して、ノートに寄せられる日々の悩みや、「こんなときどうしたらいい？」という疑問に、保育士が答えるだけでなく、クラスの通信に載せて、保護者からも意見やお返事をもらい、誌上討論のような形で交流することをしてきました。

> **11月のねらい**
> ★ 保育士の支えで自分の気持ちを話したり、友だちとのかかわり方を学んでいこう。
> ★ 楽しいあそびの中で、保育士や友だちと笑いあい、共鳴・共感しあえる体験をいっぱいしよう。

　「子どもに、お魚料理をしたいけれど、骨がこわくて。どうしてますか？」「傘に興味が出てきて持ちたがるけれど、心配」「おうちでのトイレ・トレーニングのようすが知りたい」などなど。
　11月は、「クリスマスプレゼント、何にする？」をテーマにしました。保育中、なかなか保護者とゆっくりお話しする時間がありませんが、通信を読んで、参加していただけるだけでも、保護者同士、保護者と保育士とのつながりが生まれるように思います。

> **友だちへの思いがふくらんで…**
>
> 　運動会以降、友だちへの思いが、うんとふくらんできたのを感じます。保育士よりも友だちといっしょがよかったり、友だちを思うからこそのトラブルも出てきました。
> 　思いも持続するようになり、気持ちをおさめて、次の活動に切りかわるまでに時間がかかることもあります。ごまかしはききません。子どもたちの心の中も、ずいぶん複雑になってきました。
> 　友だちが泣いていると、「どうしたの？だいじょうぶ？」と、心配してくれたり、「いたいの、とんでけー！」と、頭をナデナデしてくれたりする姿もあります。自分の気持ちをいっぱい出しながら、少しずつ友だちの気持ちにも気がついて、ときには、少し間をおくこともできるようになっています。
> 　子どもたちのあいだに入って、1人ひとりの姿を温かく見守り、ていねいに支えていく保育をしていきたいと、改めて思います。

11月のえんどうぐみ

関わり

- YKちゃんが、ままごとコーナーで作ったごちそうのお皿を、テーブルまで運んでいました。ところが、ガチャン！お皿を落とし、ごちそうもこぼれてしまいました。それに気づいたのは、プラレールコーナーであそんでいたNSくん。保育士よりも先に駆けより、お皿のごちそうを、いっしょに拾ってくれました。YKちゃんの顔が、にっこり、笑顔になりました。

あそび

- 運動会で見た、保護者の出し物のニンニンジャーをきっかけに、忍者のイメージがふくらみました。保育士が「忍者で行こう」と誘うと、みんな、かわいい忍者に変身します。ある日、KOくんが、ままごとの包丁を持って「ニンニンジャー！」と、ポーズを決めて走りだすと、KHくんも包丁を持って参戦。「ニンニンジャー」の追いかけっこが始まりました。すると、毎日毎日、他の男の子たちも、続々とニンニンジャーに変身。
そこで、「包丁は、お野菜切る道具だからね」と、保育士が牛乳パックで、1人ひとりに、マーク入りの剣を作りました。

- 保育士と、「まてまて」と追いかけあそびをしていると、別々に走って逃げていたＹＮちゃんとＹＡくんが、手をつないで逃げはじめました。キャッキャと楽しげな２人を見て、ＴＭくんがつながり、ＹＳちゃんがつながり…。気がつけば、追いかけあそびより、みんなで手をつなぐほうが、楽しくなっていました。友だちといっしょにあそびたい！つながりたい！という気持ちのふくらみを感じた場面でした。

さんぽ

- お散歩で、大きい子たちが歩くのを見て、月齢の低い子たちが、乳母車からおろしてアピール。そこで、乳母車の左右に２つずつついているリングを持って、歩くお散歩を始めました。けれども、持ち手をつい離してしまうこともあるので、「手を離したらあぶない」と伝えながら、川沿いの安全な遊歩道を歩くようにしました。ようすを見て、子ども同士の手つなぎも始めています。

こすもす保育園
えんどうぐみの12か月

　前半は、ゼロ歳児クラスからの持ち上がりの保育士を心のよりどころにしながら、新しく担当になった保育士と仲よくなっていきました。日々のくらしの中で「楽しいことをしてくれる人」「自分の気持ちを聞いてくれて、わかってくれる人」というのがわかっていくと、子どもたちの安心感になっていきました。

　月齢差、発達差も大きかったので、1人ひとりが好きなあそびを満足できるまでじっくりできる時間と、みんなでいっしょにあそぶ時間の両方を、保育の中で大事にしていきました。

　また、1人ひとりの思いを聞き、「○○したかったね。どいてって言うと、どいてくれるかな」「○○ちゃんもやりたかったんだって。終わったら貸してくれる？」など、保育士があいだに入って子ども同士の思いをつなげていきました。

　後半は、散歩先の森を「忍者の森」、神社を「おばけの森」と呼んで、忍者やおばけの世界をみんなで楽しめるようになってきました。神社に行ったとき、「おばけまつぼっくり」「おばけどんぐり」「おばけナメクジ」（これは本当の巨大なナメクジ）と、見つけるもの全部がおばけになってしまい、おばけワールド全開！立札を指さし、「おばけのじーじ（字）、かいてある」と教えてくれる子もいました。

　前半の、子ども同士の思いをつなげてきた保育が、後半、子ども同士で「なにしてるの？」「いっしょにあそぼ」「はいってもいいですか？」など、会話でやりとりをできる姿になって返ってきたように思いました。

　生活の場面でも、保育士がお手伝いしてやっていたことが、「じぶんで」の気持ちとともに、自分でできることが増えていきました。

　生活もあそびも、グループを分けずにいっしょに活動することが多かった1年。散歩先で出会ったいろんな物事に、保育士、友だちとの共感が生まれやすく、あそびも「みんなのもの」になりやすかったと思います。月齢の高い子たちの姿を見て、「楽しそう」「やってみたい」と、ちいさい子もまねして後に続いたりする姿が多かったのが印象的です。

（高羽千賀）

12月～3月の ひよこぐみ

★ たんぽぽ保育園 ★
1歳児クラス

きょうの
ごはんは
なんですか？

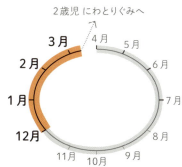

たんぽぽ保育園
ひよこぐみ

行事

12月	● クリスマス音楽会 ● ひよこぐみ給食懇談
1月	● 希望保育日（12/29、1/4）
2月	● お楽しみ会（節分）　● ひよこ懇談会
3月	● お楽しみ会（ひな祭り）　● 遠足 ● 希望保育日（3/28）

主な日課（12月）

8:00	登園（8～10人）ひよこの部屋とかぜの部屋（乳児遊戯室）に分かれてあそぶ
9:00	おむつ替え（おまるに誘う） 朝の集まり
10:00	主活動（2グループで時差をつけて開始）
11:00	清拭 昼食
12:00	午睡
13:00	
14:00	
15:00	おむつ替え（おまるに誘う） おやつ
16:00	午後の活動 おむつ替え（おまるに誘う）
17:00	順次降園
18:00	
19:00	夕食へ　＊夕食（20時以降迎え） 補食　　　補食（19時以降迎え）
20:00	おふろ　　おふろ（21時以降迎えの希望者）

2015年度　ひよこぐみ

- WJちゃん —— 13年4月生
- HSちゃん —— 13年4月生
- FSくん —— 13年5月生
- MHくん —— 13年5月生
- MRくん —— 13年5月生
- NSちゃん —— 13年6月生
- IMちゃん —— 13年7月生
- AKくん —— 13年7月生
- ARくん —— 13年8月生
- SSちゃん —— 13年9月生
- TYくん —— 13年9月生
- KMくん —— 13年10月生
- MMちゃん —— 13年11月生
- HRちゃん —— 13年12月生
- OTちゃん —— 14年1月生
- OSくん —— 14年2月生

担当保育士
- はるちゃん（8年目）
- あっちゃん（2年目）
- さっちゃん（1年目）

夜間担当
- せぐっちゃん（35年目）

臨職
午前／夕方　各1名
（1月からは午前のみ）

12月・1月の方針

お誕生日
- HRちゃん　● OTちゃん

生活

[日課]　● 朝・夕のお楽しみで、今からすることを伝える。
[睡眠]　● 自分でふとんに入り寝ていく。
[食事]　● 友だち、保育士と楽しかった活動を話しながらおいしく食べる。
[排泄]　● 朝、お昼寝起き、夕方など活動の区切りに、トイレかおまるに座る。
[着脱]　● くつ、ぼうし、服の着脱など、やりたくなる気持ちを広げ、そっと応援する。
[清潔]　● 鼻水が出たら気づき、保育士と拭こうとする。
[片付け]　● 保育士といっしょにおもちゃ、くつ、ぼうし、ジャンパーなどを片づける。
[健康]　● 朝・夕に、水分補給する。室温や衣服の調節をする。

あそび・散歩
- マイ人形を使って、「ままごと」や「生活再現あそび」を楽しむ。
- 「にぎりぱっちり、おばけだぞ、まて〜にげろ、かくれてばぁ、まんまるさん」など、保育士とのやり取りを楽しみながら、お友だちと笑いあうあそびをする。
- 楽しみをもって散歩に行く。保育士や友だちと手をつなぎ、散歩してみる。
- 「車はきませんか」など、子どものわかりやすいことばで、安全のルールを伝えていく。

課業

[体育]　● 走る、ジャンプ、鉄棒ぶらさがり、一本橋わたり、よじ登り降り、他のクラスと合同でリズムあそび
[手指]　● つまむ、ちぎる、ひっぱる、ボタン、積木、粘土
[絵本]　● かんたんなストーリーを楽しむ。物語のことばのまねっこ。
[うた]　● この子どこの子、おやすみりすちゃん、どんぐりがぽとぽとり
[描画]　● なぐり描きを楽しむ。描いたもので会話を楽しむ。

集団
- みんなで共感し、笑いあえる、楽しい取りくみをする（朝・夕のお楽しみ、クリスマス会、クッキングなど）。
- 他のクラスともいっしょにあそんでみる。

たんぽぽ保育園

ひよこさん「はじまるよ」するよ！

◆ 2グループからクラス全員で

　4〜5月は、ゼロ歳児・たまごぐみからのグループを引き継いで、2グループに分かれて保育をしてきました。保育士を固定することで、子どもたちとの関係ができていったと思います。

　その後、「あっちがいい（したい）」「○○（保育士）がいい」と、子ども自身が、自分で選ぶ姿があったので、ゆるやかな2グループにし、時差をつけて活動するようにしていきました。

　年度の後半は、ひよこぐみ全員で活動するようにしたので、同じイメージでのあそびが広がっていきました。

◆ 1人ひとりの思いを聞いて

　夕方の活動は、2つに分かれることが多かったので、「誰（保育士）と、どこのお部屋に行って、どんなおもちゃがあって、どんなあそびができるか」を伝え、2つのどちらにするか、子どもたち1人ひとりに聞いていきました。それぞれが、どんな思いで決めているかも知ることができました。

◆ 朝の集まりも、みんなと

　登園後、ひよこの部屋とかぜの部屋の2つに分かれてあそんだあと、それぞれ行っていた朝の集まり。自分だけでなく、友だちや保育士のことも気になりだしたようで、友だちに、「どこに行くの？」「あっちゃん（保育士）は何するの？」と聞く姿が見られるようになりました。

> **12月のねらい**
>
> ★ 保育士を仲立ちにして、友だちとのかかわりを豊かにしていこう。

　そこで、クラス全員で朝の集まりを、「はじまるよったら、はじまるよ」の手あそびで始めました。月齢の高い子にとっては、「誰と、どこに行くのか」、自分が知りたいことがわかることで、納得して次の活動に向かうことができました。

　朝の集まり後の移動は、時差をつけて行うため、後のチームには、「お楽しみと、今日やること」を、もう一度少人数で伝えることができ、月齢の低い子にとってはよかったと思います。

絵本をもっと楽しく

　朝の集まりは、全員でキルティングマットに座っていたのですが、絵本を読んでも、「見えなーい」「せまーい」とケンカが起き、そのたびに中断。なんだか楽しくありません。

　そこで、全員分のマーク付きのイスを置くことにしました。イスに座りたくない子には、マットも敷いておいたので、自分がどの場所で参加するのか決められ、途中で立っても、どこに戻ったらいいのかがわかり、落ち着いて楽しめるようになりました。

　絵本も、子どもの姿を見ながら、どれにしようか、どんな伝え方をしようかと、担当間で話しあいながらすすめていきました。

12月のひよこぐみ

食事

- 苦手な食べ物も、友だちの姿を見て、ひと口食べてみたりします。「カンパーイ！」などの、楽しいやりとりが「食べてみようかな」と思えるきっかけとなるように考えていきました。

- 朝や散歩の帰り、夕方など、毎日のように給食室をのぞきに行きました。「きょうのごはんは、なんですか？」と聞いて、味見をさせてもらったり、作っているところを見ることで、食べることが好きになるといいなと思います。

排泄

- おむつ替えのときに、トイレやおまるに座ってみました。友だちの姿に気がついて、やってみる子もいます。おしっこが出ても、出なくても、座れたことがうれしくて、保育士とハイタッチ！

あそび

- 公園に、大きな葉っぱがいっぱい落ちています。保育士が、葉っぱおばけになって、子どもたちを追いかけると、「きゃー」と、逃げていきます。葉っぱがあることでイメージをもちやすくなり、つもりをもった「マテマテあそび」になりました。

今まではみんな逃げる側でしたが、保育士といっしょに、追いかける側を楽しむ子の姿も見られるようになってきました。

さんぽ

- 散歩では、手つなぎが上手になり、友だち同士でも歩けるようになってきました。乳母車に乗っていきたい子もいるので、途中で交代しながら散歩先まで向かいます。

この時期よく行っていたなかよし公園は、遊具はほとんどなく、出入口も2か所。広さもほどよく、みんなが何をしているのか、保育士も子どもたちにもわかりやすい、あそびやすい場所でした。

1月の ひよこぐみ
共通体験が ごっこあそびに

◆ 1月の「お楽しみ会」

たんぽぽ保育園では、2か月に1回程度、「お楽しみ会」があります。全クラスの子どもたちが集まって、保育士の出し物を見ます。

1月の「お楽しみ会」では、「ブレーメンのおんがくたい」を、その月のお楽しみ会の担当の保育士たちが、ミュージカル調の劇にして演じました。何度もくり返し、同じうたが歌われていたので、ちいさい子にもわかりやすい劇でした。

◆ みんなで、歌ってみよう

部屋に戻ると、子どもたちが「あっちゃんは、犬だったね」「○○は、ろばだった」と、どの保育士がなんの役をやっていたか、ふり返って話していました。

劇の中のうたは、子どもたちが歌えそうなかんたんなものだったので、歌ってみると、「知ってる、知ってる」という感じで、みんなが集まってきました。

保育士が犬の役になると、子どもたちが、「ど～おした～の～」と、劇のうたを歌いだします。劇の一場面が、自然に再現できました。

> 1月のねらい

★ 保育士を仲立ちにしながら、友だちとのかかわりを広げていく。

◆「ブレーメンごっこ」であそぼう

次の週には、動物のお面も作り、ブレーメンの動物になりきって、「ブレーメンごっこ」がもりあがりました。

友だちみんなが知っているから、もりあがるのです。共通体験が、ごっこに広がっていったのだなと思いました。

ホワイトボードを活用して

12月後半から導入したホワイトボード。

散歩先や、やることなどを、絵に描いて伝えることで、見てわかり、自分のマークや保育士のマークもあることで、誰（保育士）がいるのかもわかりやすくなりました。

「朝の集まり」でお知らせをして、その絵をそのまま残しておいたので、ご飯や午睡のときに、「きょう、ここ（絵を指して）いったね」「○○したよね」と、子どもたちが、ふり返ることもできました。

ホワイトボードで伝えることで、少しイメージがもちにくい子や、月齢の低い子にもわかりやすくなり、自分でわかることで、主体的な生活づくりにつながり、見とおしもつくれたと思います。

1月のひよこぐみ

睡眠

- 午前中の活動をたっぷりすることで、心地よく午睡に入れます。寝るまでに間がある子でも、ふとんでゴロンとして眠くなるまで待てるようになったり、保育士が綿毛布をかけて「おやすみね」と言うと、寝る雰囲気になりました。

食事

- ご飯を食べるのも、上手になってきました。そこで、スプーンの持ち方と、イスの座り方を、子どもたちにわかりやすいことば(「おねえちゃん・おにいちゃんもち」「おなかぺったん」)で伝えていきました。
できるようになると、「みてみてー」とアピール。友だちを見て、同じようにやってみる姿も見られました。

あそび

- 少人数でパズルを楽しんできましたが、できるようになると自信もついて、もっと難しいものに挑戦したくなります。
友だちが、できないで困っていると、「やってあげる」と、手伝っ

てくれる姿も。1つのパズルを2人でやっている姿にも、成長を感じます。月齢が低い子も、かんたんなものを選んでくり返しすることで、自信につながっていくように感じました。

- 友だちとケンカもするけれど、保育士の「交通整理」で納得する姿や、今まで保育士がかけてきた声かけで、子ども同士で解決する姿も見られるようになってきました。

FSくんとSSちゃんが、お庭で三輪車の取りあいを始めました。保育士があいだに入り、それぞれの気持ちを聞いてみると…。「はじめはFSくんが乗っていたけれど、買い物に行くつもりで駐車していた。それを知らずに、SSちゃんが乗った」ということのようです。
保育士が2人に説明すると、SSちゃんが、「ぐるっとしたらFSくんに、かしてあげる」。FSくんも、「いいよー」。「FSくん、それまで何してあそんでる？」と、保育士が聞くと、「それまで、こうじしよ」。
少しずつ、相手の気持ちに気づいているのを感じます。

> **2月の**
> **ひよこぐみ**

やりたいこといっぱい！みんなであそぼう

◆ 3つの固定グループ、でも主活動はみんなで

　今までは、ゆるやかな2グループで過ごしてきたのですが、よりわかりやすく、安心して生活できるように、また、2歳児にわとりぐみへの進級に向けて、3つの固定グループをつくりました。

　グループを生活の基本にしながらも、散歩先はできるだけいっしょにするなど、主活動では、みんなでいっしょにあそぶことを大切にしていきました。

◆ うさぎ・きりん・とんぼグループ

　グループ名は、ずっと楽しんできた、みんなの大好きなリズムあそびから、「うさぎ・きりん・とんぼ」にしました。

　登園の早い子が多い「うさぎ」と「きりん」グループと、登園の遅い子が多い「とんぼ」グループで、「うさぎ」と「きりん」グループが、先に主活動に入りました。「とんぼ」グループは、部屋でひとあそびして、10時番の保育士が来てから、主活動に入るなどのくふうをしました。

　子どものグループは固定ですが、保育士は勤務によってローテーションで替わります。毎日、「朝の集まり」で各グループの担当の保育士を発表して、基本的に清拭やご飯は、その保育士と過ごすことにしました。

　はじめてグループをつくったことで、とまどう子がいないかなど心配でしたが、担任間で子どもたち1人ひとりの姿を話しあいながら、友だちと「楽しいね」をいっぱい共感できるあそびを広

> **2月のねらい**
>
> ★ 友だちとのかかわりを広げながら、みんなであそぶ楽しさを豊かにしていこう。
> ★ 新しいグループに慣れていこう。

げていきました。

◆「やりたい」を、かなえるくふうも

「やりたい！」「これがいい！」の思いがいっぱいの子どもたち。できるだけ思いをかなえていけるように活動を組みましたが、「もっと○○したかった〜」など、どうしてもその場ではかなえられなかったことは、夕方や次の日などに、していけるようにしました。

> **みんな2歳のプレゼント**
>
> 2月で全員が2歳です。
>
> 2月生まれのOSくんの誕生日に、「これでみんな、2歳だね。大きくなったので、おばけちゃんが、いいもの持ってきてくれたよ」。運動会のころから楽しんできた、「おばけちゃん」か  らのプレゼントは、子どもたちそれぞれのマークとグループの絵のついた、全員分のペンダントでした。
>
> 保育士が1人ずつわたしていくと、とてもうれしそう。「うさぎさんだった！」と、喜んだり、「いっしょだね」と、友だちに目が向いている子もいました。

2月のひよこぐみ

睡眠

- 子どもたちそれぞれの午睡の場所を固定しました。ご飯を食べおえると、大好きな絵本やマイ人形をふとんに持っていき、それを支えに寝ていく子もいます。

食事

- 食事も3つのグループごとにし、たくさんお話をしながら食べました。長時間保育で登降園の時差も大きい保育園だからこそ、みんながそろうご飯の時間に、「楽しかったね」とふり返ることで、共感できるのかなと思います。

- 苦手な子が多い野菜。保育士もいっしょに食べたり、料理の中に、どんな野菜が入っているのかを話題にしました。「食べてみたい」と思えるきっかけをつくっていきました。

排泄

- 朝、寝起き、夕方と、活動の区切りにおまるに座ってみることを続けてきました。おまるでできる子も、少しずつ出てきました。

> あそび

- 節分にオニがやってきたことで、オニの「まてまて」が広がって、オニ（保育士）を倒すために、「かくれてバアー」や、豆を投げるふり…。オニが共通体験であったからこそ、みんなであそびを楽しめました。

- 「まてまて」で、保育士といっしょに追いかける子が出てきました。オニになって、「ドシン、ドシン…」と言いながら追いかけます。あそんでいるなかで、追いかける側になったり、逃げる側になったり。やりとりを楽しみました。

- 夕方、毎日のように粘土をしました。はじめは好きなものを作って終わりだったのが、お店屋さんになったり、おうちごっこでご飯を食べたりと、つもりのあるあそびに発展していき、新たに参加する子も。

> 環境

- 進級を見越して、にわとりぐみのお部屋であそびました。ままごとコーナー、ぬり絵やトミカなど、どんなおもちゃがどこにあるのか、わかってきた子どもたちです。

3月の ひよこぐみ

進級への期待を みんなでふくらませて

◆ 朝も、にわとりのお部屋で

　4月から進級する、2歳児にわとりぐみのお部屋でも、朝の受けいれをしていきました。
　1月から、にわとりぐみの部屋であそんでいたので、それぞれ好きなおもちゃがあり、3月に入ると、「アンパンマンのパズルがやりたい」「ぬりえがやりたい」と、やりたいことがいっぱい。
　にわとりぐみの部屋で、期待をもって登園してくる子どもたちもいます。

◆ ホワイトボードも、にわとりのお部屋で

　「朝の集まり」も、いつも使っているホワイトボードを持っていき、そのままにわとりの部屋で行いました。
　常設してある机とイスがあるので、2月に分けた3つのグループでまとまって座るようにしました。自分と同じグループの子をしっかり覚えていて、「○○ちゃんは？」「こっち！」と、誘っている子もいました。

◆ ホワイトボードを、子どもの視線に

　はじめのうちは、保育士が立ってホワイトボードでお知らせしていたため、立ちあがってふらふらしてしまう子がいて、「みえない！」「どいて！」とケンカになってしまうこともありました。
　そこで、保育士もイスに座ってやってみたら、子どもたちも落ち着いて座ることができ、友だちと笑いあったり、お話ししたり

3月のねらい

★ 友だちとのかかわりを広げながら、みんなであそぶ楽しさを豊かにしていこう。
★ にわとりぐみになるという期待をふくらまそう。

しながら楽しんでいました。

◆ 2歳児にわとりぐみに向けて

2月まで、夕方は3人の保育士で活動していましたが、進級に向けて、2人の保育士で活動するようにしていきました。

にわとりの部屋に行き、全員であそんだり、部屋や活動を2つに分けて、自分で選んであそんだりしていきました。

みんないっしょに、わらべうた

「朝の集まり」を、クラス全員で始めていたので、それまで2つのチームに分かれてしていた月1回の「わらべうた」も、クラスみんなでやってみました。

わらべうたの先生が、毎回クラスに来てくれるのですが、「朝の集まり」と同じように、イスを並べた前にキルティングマットを敷いて、イスとマットの好きなほうを選べるようにしました。

ＡＲくんは最初に、「マットがいい！」と自分で選び、イスとマットを行き来することもなく、集中して楽しんでいました。

わらべうたは、その日だけでなく、何回もくり返し歌って楽しみました。みんなでいっしょに体験したことなので、クラスみんなでもりあがりました。

3月のひよこぐみ

睡眠

- 「寝るのがイヤ！」という子も、今日のできごとや、家庭との連絡ノートに書いてあった、おうちでのことを話したりしながら、安心して自分から気持ちよく寝ていけるように意識していきました。

食事

- ひよこぐみで最後の遠足。いつも行っている公園にクラス全員で行き、園に戻って、テラスにキルティングマットを敷いて4人ずつで座り、お弁当を食べました。
  アレルギーのある子は、誤食を防ぐために、固まって食べました。みんな朝から楽しみでしかたがなく、特別感がうれしそうでした。

あそび

- 絵本の「あかたろう」シリーズと、『三びきのやぎのがらがらどん』が大好きになり、いつでも読んでいました。とくに、「あかたろう」シリーズの『つのはなんにもならないか』は、冒険

のうたをみんなで歌って、「ぐりぐり」と、つのの音を声に出して楽しみました。

- 「ブレーメンの音楽隊」「トントン子どもはいませんか」など「みんなで楽しい」と感じられるあそびをしていきました。

制作

- 制作でも「みんなで」を大切にしていきました。大きい桜の木を描き、ピンクと白の画用紙で作った花びらに、足形や手形を押したり、なぐりがき、シール貼りなどをして、桜の木に貼りつけました。子どもたちのマークも貼り、誰の作品かわかるようにしました。
桜の花びらは多めに切っておき、いつでも追加できるようにしました。
「この木が、お花でいっぱいになったら、みんな、にわとりさんになるんだね」と話すと、「おにいちゃんだから」と、大きくなった自分を実感し、喜びながら制作に向かっていました。

たんぽぽ保育園
ひよこぐみの12か月

　年間を通して、子どもの姿から考えることを大切にしてきました。1人ひとりの姿から、なぜそうするの？どうしたらもっと楽しめるかな？など考え、それぞれに対する働きかけをしていきました。

　生活では、見とおしをもって次の活動へ向かえるように、1人ひとりにわかりやすく伝えていきました。MHくんは、散歩に向かうときに玄関まで行っても、くつをはかずにそこであそんでしまう姿がありました。行き先の場所を伝えるだけではわかりにくいのではと、何をするかも伝えること、帰ってきたら必ずふり返ること、「これがしたい」という思いには、時間がかかっても応えていくことを大切にしていくと、楽しみをもって、くつも自分ではくようになっていきました。1人ひとりの見とおしのもち方によって、場所だけでなく、「ダンゴムシ探しに行こう」など、「何をするのか」「どんな楽しみがあるのか」「どの保育士といっしょに行くのか」ということも伝えていきました。

　あそびでは、並行あそびから、3、4人とかかわる姿が少しずつ増え、「友だちと」が楽しくなっていきました。そこにいくまでには、それぞれに好きなあそびがあることが大事でした。どんなあそびを、どのように楽しんでいるのかを保育士がとらえ、あそび方を伝えていくことや、子どもたちに合ったおもちゃを適切な数用意したり、空間を分けるなどの環境を整えること、友だちとのかかわりの中で気持ちの「交通整理」をしていくことも大切でした。秋ごろからは、1人ひとりのあそぶ力を土台に、4、5人の集団であそぶようになっていき、みんなで活動する時間も意識してつくっていきました。保育士の劇を見たことから始まった「ブレーメンごっこ」などみんなが知っている共通体験は、イメージしやすく、よりあそびを楽しくする要素のひとつでした。

　自我が芽生え、おもちゃの取りあいなどのトラブルも起きるのですが、そこを「チャンス！」ととらえ、保育士を仲立ちに、おたがいの思いを知り、解決していくことや、そのあそびをもっと楽しめる方向に展開していくことも大切だと感じました。　　　（花坂敦子）

新瑞福祉会の1歳児保育で大切にしていること

﨑岡晴美・伊藤洋子

思いがたっぷり出せて、わかってもらえる安心感を

　1歳児は自我が出てくる時期です。「イヤイヤ期」とも言われているように、とにかく「イヤ！」がいっぱい。そんなとき、まずはその子の思いに耳を傾け、受けとめてあげたいと思っています。

　1歳児では「もっと」の気持ちに応えてあげたいので、給食室とも連携して、ご飯のおかわりを多めにもらうこともあります。それでもなくなったとき、「もうないよ」と伝えるだけでは納得できなくても、もっと食べたかった気持ちを「そうだよね、もっと食べたかったよね。給食室さんにＳちゃんもっと食べたかったから、今度はもっといっぱい作ってねって言おうね」と保育士が受けとめて代弁すると、「うん」と言って他のものを食べだすなど、気持ちが次へ向かうことができると思います。

　ことばにして「イヤー」と言う子、何も言わないけれどその場から動かなくなる子、地団太を踏んで伝える子。自己主張の表し方は子どもの数だけありますが、保育士と信頼関係があるから、自分の思いがいっぱい出せます。その中で、保育士はその子がどうしてそういう姿を出しているのかをキャッチすることが大切です。「○○だった？」「○○がいいの？」と保育士が気持ちを代弁することで、子どもは自分の気持ちを整理して次へ向かうことができます。そして、大好きなおとなに自分の気持ちをわかってもらえることで安心し、信頼関係がより深まっていきます。

わかりやすさと楽しみが見とおしになる生活を

　生活の場面では、ゼロ歳児ではともに生活する保育士が見とおしになりますが、1歳児では少しずつ自分で見とおしをもって生活をするようになっていきます。そのために、わかりやすさと楽しい見とおしをつくることがポイントだと思います。

　お散歩か園庭か1人ずつ好きなほうを決めた日、Hくんは「おにわ」と自分で決めたのに、下駄箱へ行って、保育士が「お庭行こう」「くつをはこう」と声をかけてもくつをはこうとしません。しかし、「お庭で

何してあそぶ？」「ゴーゴー乗る？」「アイス作る？」「ダンゴムシ探しに行く？」と、保育士がお庭でのあそびをいろいろ伝えると、「行く」と言って、くつをはいて園庭へ向かいました。

　行き先や、そのときにすること（くつをはく、ぼうしをかぶるなど）だけでは、次の楽しみがわからず、見とおしももてなかったのでしょう。より具体的にあそびの中身を伝えることで、それが楽しみになり、見とおしへとつながっていったと思います。

　1歳児クラスの子どもたちは、月齢差・発達差も大きく、理解のしかたや楽しんでいることがそれぞれ違います。そのことを保育士が理解したうえで、「○○する？」「○○しに行く？」と1人ひとりに合わせた具体的な伝え方をすることで、わかりやすく、楽しい見とおしをもって次へ向かえるようになります。

好きなあそびでたっぷりあそべる安心感

　Yくんは電車や車が好きなのですが、年度はじめは手に持ったまま走ったり、友だちのあそびを壊してしまってはトラブルになることがありました。夏ごろには電車を走らせるなど保育士があそび方を伝えることで、しばらくは保育士といっしょにあそべるようになり、秋になると、自分で電車をつなげてあそび始めるようになりました。

　その子の好きなあそびで保育士がいっしょにあそび、「楽しいね」と共感すること、そしてそのあそびがより楽しくなるためのあそび方を伝えていくことが大切でした。1対1や少人数であそべるように空間を分ける、あそびごとのコーナーに分けてあそびが混ざらないようにするなど、保育室の環境もとても大事です。保育士の声も環境のひとつです。「わあーすごい！」などの大きな声は、子どもの関心が向けられて、それぞれのあそびが中断されることがあります。1人ひとりのあそびを保障したいときは、それぞれに聞こえる程度の大きさがいいのでしょう。

　そのような環境があることで、1人ひとりが好きなあそびでたっぷりあそべ、安心感が生まれると思います。この後、友だちとつながってあそぶ楽しさを知っていくためにも、まず1人ひとりが好きなあそびがあること、その子があそべているかをよく見ていくことが大切です。

友だちとつながる楽しさを知っていく

　模倣が楽しい時期です。お母さんのすることをまねするうち、友だちのまねをしたり、いっしょがいいという姿も見られるようになります。友だちの持っているものがキラキラと魅力的に見えて、同じものがもう1つあっても、今友だちが使っているものがほしくてケンカになることも。保育士があいだに入り、交通整理をしながら、そんな姿も友だちへの関心が広がってきた成長の証ととらえ、友だちといっしょに笑い、「もういっかい！」とくり返しあそびたいと思えるあそびを大切にします。

　つい立てのうしろにみんなで隠れて、後から来る保育士を「ばぁ〜」とおどかす「かくれてばぁ」。はじめはそれぞれが自分のタイミングで「ばぁ」としていましたが、毎日楽しむうち、友だちと笑いあいながら隠れたり、年度の後半には「○○ちゃんおいで〜」と、友だちを呼んでいっしょに隠れる姿もありました。

　1歳児の定番のあそび「マテマテあそび」に、「かくれてばぁ」の要素も入れると、隠れることが楽しい子もいっしょにもりあがってあそべました。そして少しずつ、おばけ、オニやお獅子でマテマテしたりと、ちょっとつもりを入れることで、より楽しめるようになっていきました。

　毎日楽しんできたみんなが知っているあそびなので、場面、メンバーが違っていても楽しめます。そして、同じあそびでも、走ることが楽しい、隠れることが楽しい、保育士といっしょにおばけのつもりになって追いかけることが楽しいなど、1人ひとり楽しいと思うポイントは違います。それでも「このあそび私も知ってる、あなたも知ってるの？楽しいよね」と共感が広がり、友だちといっしょだとより楽しくなるのです。

保育士が仲立ちとなり、保護者同士が知りあう関係を

　ゼロ歳児クラスでつくられた保育士との信頼関係を土台にして、1歳児クラスでは保育士が仲立ちとなって保護者同士が知りあい、クラス全体の子どもたちの育ちを見守ることができるようになっていきます。

　1歳児クラスから入所する新しい保護者を他の保護者とつなぐのも、保育士の役割のひとつです。ゼロ歳児クラスと同様に、親子が安心でき

るよう、ていねいに受けいれをしましょう。

かみつき・ひっかきにどう対応するか

　友だちとのあそびが楽しくて、友だちへの関心が広がるためにケンカも起こります。ことばが未熟なため、かみついたりひっかいたりが頻発する時期もあります。

　そんなとき、保護者にお詫びをするのはどこの園も同じですが、かみついた子の保護者に知らせるか、かみつかれた子の保護者にかみついた子を教えるかなどの対応はさまざまだと思います。ときにはかみつかれた子の保護者が「どんなしつけをしてるのか！」と怒りをぶつけて、保護者同士の対立になってしまうこともあります。

　しかし、どちらの側の保護者も心をいためているのです。保育士は「かみつきは1歳児クラスではしかたがない」と見るのではなく、かみつきが起きないように保育の中であらゆるくふうをするとともに、その結果をくわしく保護者に伝えるようにしましょう。

子どもの姿を語りあう

　保育時間の長い園では職員の勤務の時差が大きく、担任がすれ違い、いっしょに保育する時間が限られます。子どもの姿を日常的に話しあうためには、子どもたちを寝かせながら話をしたり、なんでも書くノートを作り、印象に残った子どもの姿や、困ったことをお互いに書いて伝えあうなどくふうが必要です。ひとつのあそびの集中時間はまだまだ短く、朝夕の保育士が少ない時間は大変です。そんなときに限ってかみつきが起きたりするので、「またあの子が」と見てしまうこともあります。

　日々の話しあいは、保育士それぞれがつかんでいる子どもの姿を出しあい、子どもの内面を探り、子ども理解を深めるものです。よく見ると、ガサガサした雰囲気で不安になったり、保育士に甘えたいのに甘えられなかったりと、かみつく理由が見えてきます。少しでも理由が見えてくると、朝からたっぷりあそんだり、ゆっくりひざにのせたりと対応が変わってきます。その結果、すぐにではなくても、「ぼくのこと見ていてくれる、わかってくれる」と、子どもに伝わり、落ち着いていきます。

著:社会福祉法人 新瑞(あらたま)福祉会

執筆者
P 2〜 5　小西 文代
P 8〜26　加藤 百合子・宮原 洋希
P28〜46　高羽 千賀
P48〜66　﨑岡 晴美・花坂 敦子・関 幸保
P67〜70　﨑岡 晴美・伊藤 洋子

絵:柏木牧子
ブックデザイン:稲垣結子(ヒロ工房)
表紙写真:たんぽぽ保育園

本書は2015〜17年度『ちいさいなかま』の連載を加筆・再構成したものです

1歳児クラスの12か月

初版第1刷発行　2019年1月25日

発行:ちいさいなかま社
〒162-0837　東京都新宿区納戸町26-3　保育プラザ
TEL 03-6265-3172
FAX 03-6265-3230
URL http://www.hoiku-zenhoren.org/

発売:ひとなる書房
〒113-0033　東京都文京区本郷2-17-13-101
TEL 03-3811-1372
FAX 03-3811-1383
E-mail　hitonaru@alles.or.jp

印刷:東銀座印刷出版株式会社

ISBN978-4-89464-260-7　C3037

月刊『ちいさいなかま』から生まれた本

ちいさいなかま 保育を広げるシリーズ　B5変型判・80ページ　本体1400円＋税

赤ちゃんのための手づくりおもちゃ
春山明美 著／近藤理恵 絵
赤ちゃんの「〜したい」気持ちをうながす手づくりおもちゃ、33点を紹介。

つくってあそぼ！　園で人気の手づくりおもちゃ
『ちいさいなかま』編集部 編／近藤理恵 絵
身近な材料でカンタンに作れるおもちゃを、年齢別に54点紹介。

さわってわらっていっしょにあそぼ！　園で人気のふれあいあそび
『ちいさいなかま』編集部 編／柏木牧子 絵
手あそび、集団あそびなど、どこでも手軽に楽しめる「ふれあいあそび」。

まいにちたのしいごっこあそび
『ちいさいなかま』編集部 編／近藤理恵 絵
全国の保育園・保育者から寄せられた、楽しい「ごっこあそび」の数々。

ごっこあそび　ゼロ歳児のあそびQ&A
『ちいさいなかま』編集部 編／近藤理恵 絵
ゼロ歳児のあそび、ごっこあそびの悩みに答え、実践を年齢別に紹介。

ちいさいなかま 保育を深めるシリーズ　A5判・160ページ

保育のきほん　ゼロ・1歳児　『ちいさいなかま』編集部 編
西川由紀子、山崎祥子、井上昌次郎、帆足英一＋実践／本体1400円＋税
「発達・生活・遊び」「食」「睡眠」「排泄」の各視点を中心に解説。

保育のきほん　2・3歳児　『ちいさいなかま』編集部 編
西川由紀子、田代康子、杉山弘子、山崎祥子＋実践／本体1400円＋税
「発達と生活・遊び」「認識の広がり」「自我の育ち」「ことば」の各視点から解説。

保育のきほん　4・5歳児　『ちいさいなかま』編集部 編
服部敬子、寺川志奈子、杉山弘子、神田英雄、大宮勇雄＋実践／本体1400円＋税
世界が広がる4・5歳児。この時期につけたい力、大切にしたい視点を考える。

乳児期の発達と生活・あそび　長瀬美子・著／本体1500円＋税
乳児期の発達の基本をおさえながら、その時々に求められる保育を解説。

幼児期の発達と生活・あそび　長瀬美子・著／本体1500円＋税
3歳、4歳、5歳の発達をおさえ、保育におけるおとなのかかわりも解説。

ちいさいなかま 保育を創るシリーズ　A5判

いい保育をつくるおとな同士の関係

『ちいさいなかま』編集部 編
中西新太郎、清水玲子、大宮勇雄＋実践
112ページ
本体1000円＋税

保育者・保護者、保育者同士・保護者同士が理解しあうための解説と実践。

保護者とかかわるときのきほん
──援助のポイントと保育者の専門性──

植田 章・著
120ページ
本体1300円＋税

保護者援助を保育者の専門性と位置づけ、その考え方と具体的な技法を紹介。